HOJAS DE ACANTO
Y ROSAS

EDITORIAL CÁNTICO
COLECCIÓN · DOBLE ORILLA, POESÍA
DIRIGIDA POR RAÚL ALONSO

cantico.es · @canticoed

Suscríbete a nuestro blog en

● Medium @canticoed

© Luis Bravo, 2024
© Editorial Almuzara S. L., 2024
Editorial Cántico
Parque Logístico de Córdoba
Carretera de Palma del Río, km. 4
14005 Córdoba
© Fotografía del autor: Daniel Ausina Peiró, 2024
Imagen de cubierta: *Das blühende Feld*, de Félix Vallotton (1912)
Imagen de falsas guardas: *Landscape with Smokestacks*
(en torno a 1890), de Edgar Degas. Original conservado
en el Instituto de Arte de Chicago

ISBN: 978-84-10288-16-4
Depósito legal: CO 1296-2024

Impresión y encuadernación:
Imprenta Luque S.L.

LUIS BRAVO

HOJAS DE ACANTO Y ROSAS

II PREMIO DE POESÍA
PABLO GARCÍA BAENA

EDITORIAL CÁNTICO

COLECCIÓN DOBLE ORILLA · POESÍA

SOBRE EL AUTOR

Luis Bravo (Madrid, 1994) es autor de los libros de poemas *Triestino* (Cántico, 2021), *Las horas grises* (Comares, col. La Veleta, 2022), del libro de relatos *La noche de San Silvestre* (Balduque, 2024) y editor del volumen *Flores y ruina. Antología de relatos sobre el desamor* (Dos Bigotes, 2024). También es crítico literario y colabora asiduamente en revistas y medios como Zenda o El Imparcial.

ACTA DEL FALLO DEL II PREMIO DE POESÍA PABLO GARCÍA BAENA

Un jurado compuesto por D. José Infante actuando como Presidente, D. Juan Antonio González-Iglesias y Dña. Estefanía Cabello, así como D. Raúl Alonso actuando como Secretario, con voz pero sin voto, ante la presencia del Delegado de Cultura de la Diputación de Córdoba D. Gabriel Duque y D. Luis Ortiz como representante de la familia de D. Pablo García Baena en calidad de invitados de honor, reunido el 28 de junio de 2024 en el Palacio de la Merced de Córdoba, tras deliberar entre un total de 131 obras presentadas procedentes de España, Venezuela, México, Brasil, Ecuador, Argentina, Perú, Cuba y Uruguay, decidió por unanimidad a las 12:15 hrs. otorgar el II Premio de Poesía Pablo García Baena a la obra *Hojas de acanto y rosas*, de D. Luis Bravo Velasco, por destilar en ella los valores de la tradición que entronca el romanticismo con el modernismo de una forma que dialoga luminosamente en el presente, ofreciendo una poesía madura, llena de naturaleza y evocación, que penetra en las emociones humanas con una profunda inteligencia poética y una alta solvencia artística que se hace cargo de una herencia literaria de tono mayor, conformando una apuesta arriesgada frente a las estéticas dominantes. Asimismo, se propone igualmente por unanimidad la edición de la obra *América y paisaje* de D. Javier Yániz Ciriza en calidad de finalista por su alta calidad, que lo hizo destacar sobre el resto del conjunto por la forma en que trabaja desde el discurso una fragmentación del yo poético en el topos mitificado de América, construyendo una narrativa lírica sobre diferentes referencias multiculturales ensambladas entre sí con originalidad.

I
ACANTO

habla apenas y siempre
para adentro   con el ruido insensible
de cuando caen los pétalos

ESPERANZA LÓPEZ PARADA

BREVEDAD DEL CAMINO

Si no fuera por estos parques
recordándonos sin razón que no existe
biografía en la vida de un poeta,
pues su obra debe capitanearla
el mismo libro que antepasados
comenzaron, no temería la mudez
si leyera el verso
En la hierba hay raqueles
y todo mi mundo se acabara.

DESOLACIÓN DE LOS OLMOS

Desolación de los olmos.
¿Has presentido el respeto de sus mayores?
Te contarán que décadas atrás
empuñaban con orgullo su primor negro
alrededor de los pueblos, una historia
de añejas tristezas, arruinadas vanidades
por la enfermedad, la tala, el susurro
como llave de las simples palabras.
Ahora parecidos a ríos de anemia
con mucha fábula se lanzan perdidos
de juicio a buscar algún culpable.
Cuánto alarido sobre sus figuras de tumba,
más acosados cada día por la indiferencia,
diciendo éste o aquél nos venció.
Quedaron para no perderse el vago estertor
de un reino que no necesitaba
excepto solitud, innata dedicación.
Tú no me debes nada, la respuesta
de sus *oscuras gargantas, bosque*
colgando del bosque, mojando
sus pobladas cejas canas de servidumbre
y las tierras bajas que piensas al pasar
de lo aprendido al remordimiento.
Tú lo sabes, señalan como una estría
delata riendo la tersura
de lo que falta por vivir.

TÚNEL SOMBRÍO

Debería leer más cuando paseo
la mañana entre castaños.
Esa sombra monacal que nos ciernen
sobre horas que ninguno acapara
porque la importancia de las copas
indiferente les deja si no encierra
un misterio. Alzar la mirada a su vuelo
debería valer una misa, pero acaba
en continuo tedio, verde cien veces
recitado, qué podrá asombrarnos;
verde cien veces amado no tiene culpa
ni disculpa si va en pos de un destino
que a nosotros escapa. Es volver
atrás mirarlos, el crujir de sus castañas
música y libido que no sentencia
pero dibuja irregular un círculo
donde caben las voces, los charcos
sofocando mi rigidez, mi soledad
aplacada cuando sea el regreso
y desentierre el verano que pasamos debajo,
fresas tiernas y alcohol en la boca.

ÁLAMOS BLANCOS

Álamos blancos, armiños de majestad enramada
golpeando los tejados herrumbrosos con nieve,
su nervioso corretear hasta hundirlos
y, la de todos los inviernos,
amenaza de un peor desposeimiento
escrito en los papeles de una herencia.

GAZETA DE PASOS PERDIDOS

¿No cansamos de poner flores a los libros?
¿Por qué una naturaleza muerta
resulta a su parejo la más viva?
Amado el hecho de que seamos infelices
como se recuerda la frente que besaste
desgarrada por esquirlas, aplastado el beso
porque no se quiere nada, no ser iguales
sino mejores, y ahí el destrozo germina.
¿No hay, después de consideración tan amarga,
ramo que supla estar siempre heridos?
Borrarte, y las palabras *rosa*, *dalia*,
cruzar los dedos hasta pasar esa nada,
garabatear en los márgenes la frase de otro,
si acaso nos fuera dichosa.
Adiós, adiós a todo eso.

ACIANO

La piedad nos vacía.

Cierto que un sufrimiento empuja
el mundo que creemos maldecido
a la vida extraña, mal vestido por querer
lavar una suciedad que no puede otra forma,
no culpa a nadie. Somos hechos por el bien
y sanados por dejar de preguntar los porqués,
como los antiguos. ¿Crees que la vejez
difumina después de percibir claramente
su existencia? Los que son más felices
nunca han pensado si hay misión por terminar.

Quédate aquí entre los objetos que tocamos,
los brotes que harán tu corona
al mirarte y confesar si todavía es tarde.

NOSTALGIA

¿Por qué esta desgracia?
Si ocurriera que escucharan tu voz
o presencia, aunque las hicieras notar
y nunca se percatasen, bastaría el azufre
mojando nuestros cuerpos para sentir
que si faltaras no podríamos de ti enfermar.
Uno por tu trance camina y camina
hasta el corazón marchitársele.
Y olvidaba esto, última enseñanza:
Morirse en levedad
y al abrigo de un techo improvisado.

LAS COSAS QUE DEJAMOS PASAR

La soledad es importante,
como el amor y la ausencia de ello
naciendo en lo que sostiene la mañana
con paso lento, con paso quebradizo
tu mano apretándome la muñeca
cuando no sabes explicarme
si tu pelo cae suave y curvo
o es una inquietud mayor la que has contemplado
en mi cuello al despertarte; un azul
ininteligible como si de hoja en hoja
se hubiera apoderado de esta casa.
Quisiera moverte con un difícil abrazo
las cosas que dejamos pasar
y hubiéramos pensado después
que tenían solución, a tiempo
de ornamentar lo que nos salva, aun falso
el amago de amarnos más lejos.
Y allá en los árboles que se mueren
otra evasiva, otra vida y reposo
que no serán misericordes,
así debamos acostumbrarnos
pues el daño cometido triunfará.

SACRIFICIO

Estás seco y vacío como un jarrón sin flores;
no has podido ser abierto y tampoco
profanado; no tienes rostro.

CANDELA DE LAS HERAS

Si estábamos allí era por no tener miedo
a la muerte. Para nosotros naciste con sucia
y negra llovizna, encantados de una defensa
contra la Naturaleza que venía de antes;
recóndita batalla dependiente del corrupto
espíritu que repudió el pecado y sajó
el alma de las civilizaciones, sin problema
en hartarse, dejar de hablar para que silbidos
guardasen en el aire algo puro, inocente
por lo que orar una vez desmayado en el cereal.

Ahora mira la niebla comiéndose el páramo.
La playa desciende rápida con tu despertar.
Atreverse a dejar todo esto...
¿Oyes el tintineo de cristales
cuando el agua se funde con la leche y la sangre?
Se torna entonces aquel silbido revelación
como el niño renegado al silencio crece.

Escucha la niebla en el páramo,
los pasos crepitantes de la escarcha...

DEL ESPLÍN INEVITABLE

Por qué discutes de testamentos
cuando no toca, rendido al punzante
dolor en el pecho que se torna macilento
farol de ciudad vieja. Fantasías de cartón
sin territorio, dominio de bocas lóbregas
que dicen conquistado su pastiche
en tu imaginación al ahorrar solución
o razonamiento. Las aceptas como el arroyo
su final inexcusable, ataviado de vulgar
recurso para quien en esto empieza.
Cúrate en salud de esos dijes
haciendo idilios con lo prematuramente muerto.
Es caldo su melodía para enfermos.

CAMINO APARTADO DE NOGALES

Lo que acaba de suceder, qué resta el más leve impulso
contra la advertencia vana e ilusa. Qué hora hace señorío
el rescoldo menos transitado y concede ayuda
quedándonos en tapiado silencio al mirar desconches
en remolino hasta los setos. Esa fuente de piedras huesudas
sin agua ni lectores alrededor, insuficientemente eterna,
murmurando hasta ti ahora
desde aquellos que han muerto jóvenes, parece decirnos
el polvo atragantado en los sumideros,
cayendo en litúrgica levedad el oro que encienden
las hojas, al fin de cuentas titubeando un segundo
si detenerte, darte un beso o describir la fuerza
de las ráfagas. Arriba los gemidos de leña
hubieran retrasado mi atrevimiento unos metros
más adelante. No, me vence ser literario,
como siempre. Es una desventaja, no te lo digo
hasta que salimos del Retiro. La manía de recordarlo
y mejorar mi error —sé que lo disculparás—
quede en palabras de otro, mejor agraviado.
'¿Qué ruido es ese?'
        El viento bajo la puerta.
'¿Qué ruido es ese ahora? ¿Qué hace el viento?'
Nada, como siempre. Nada.

LIBRO DE TAPAS GRISES

Tú hablabas del pájaro de los ingleses,
de los fallos que hacen nacer las absurdas creencias,
de ensimismarse sobre la taza de té negra
y su fondo idéntico donde meditamos aburrirse
más y mejores desconocidos nos volvemos.
Fríos versos de las almas sensibles,
caterva de elegidos por la trama azulosa
del céfiro en el paisaje tumbado,
en la berlina preparada al escape lánguido,
igual que la biblioteca protegida
de estaciones que arrecian.
Pero tú seguirás insistiendo en su pío,
a mí que oigo el paso burlándolo
sin concentrarme ni feliz.

EN LOS PORCHES

De ti, de uno, perorábamos con fervor
antes que la vaguedad reclamase dormir
las insensateces que creíamos apartadas.
Era negar la mayor, una locura que los amantes
completaran su tiempo, que hubieras podido
necesitar la armonía como unas ropas
atravesando latidos, a la espera
de la luz que arrastran consigo.

Embozarías mis labios con la mano,
otra detrás echando sal en mi respirar;
quieres entrecortarlo y ves el balanceo débil
esquilándose todo asomo de tregua
en los porches.

MURMULLOS

Se dice que las venas pueden *ramificarse*
pero no que unas ramas de morera *venien*
encima de la Sacramental. El muro desde el autobús
que agote como la sangre heridas perfectas.
Estos viajes por el barrio desde el viaje mismo;
los pasajeros deprimidos, los jóvenes padres
que enseñan a sus hijos la cuesta, el arbusto, el espanto
de grúas donde hubo un estadio, pero llaman
los tapices de humedad y bruma tomados
de palabras que no alcanzan tus sentimientos y penas.

CEDRALES DE GÓMARA

Yo era el olvido.

Con materia de sueños que desvanecen el día
y no impiden el trecho insalvable entre nosotros,
retorna una fotografía de tonalidades marruecas
que ha traspapelado una torre deforme
por mucha hemeroteca y datos irrecuperables
de álbumes familiares. Ha burlado la seguridad
de toda amnesia que se precie en la tradición,
y corre todavía el riesgo de amustiarse su finura
al no saber tratarla, sostener ese pecio como un don.

Siete metros de circunferencia.
No llegan las manos de los risueños, no abarcan
la piel que masculla fragancias de soles muertos
al roce liberando libaciones de polvo en la resina.
Un tercero ríe. No participa en el remedo.
Le ahuyenta un carraspeo de la corteza
que salió furtivo al trasegar a quien creció para ser aislado.

¿Yo lo era?
Desmoronarse al acertar que nada prueba
el posar serio en la eternidad.

Envía flores muertas cada mañana,
las deseo para engalanar mi casa arrasada,
no la que habito, no la que publico sin pudor
aguardando pacientemente en la noche nivosa,
de una vez en la mesilla concederles audiencia.
Esas flores raras, regalo de otros años
donde cerrar los puños tapizados de manchas.

Envíalas y una caja con tierra polaca
cuando estés sentado
y no alcances tomar una determinación
al descorrer bullicio de la casa, no la mía.

JARDÍN DE TRASTÁMARA

No se fue.
No salió a lindarse con la muralla,
silencioso, cautivador, oloroso a boj
y prestado a confidencias cuando minutos de sosiego
para consigo y con quien uno va.
No pisó suelos de semillas de los árboles,
mirlos cuchicheando sobre quienes visitaban,
cántara en los rosales por florecer,
pinos, hiedras que se rebajaban a los bancos
donde podías imaginarte leyendo,
doliéndote gratuitamente con lo que no necesitaba
permiso ni razón. Un granado seco.

No era difícil aplicarse aquello de
Yo voy allí a menudo
sin ningún otro ánimo
que ver morir la tarde
a percibir el claro
pensamiento que mira
con los ojos cerrados.

LIBRO DE TAPAS AZULES

Qué alba dará la emboscada perfecta
si no consigo al seguir del camino
renunciar a mi amargura,
con la pineda y su responso al final del día,
ni venir a cuento los bien cortados bosques
que no se mueven —no lo hagáis—
cuando pretendo enhebrar mi felicidad.

MEDIADOS DE ABRIL

Para Juan Ángel Asensio

Huele a jabinos mojados.

Baja hacia el arbusto con la armonía
de lo verde y pronuncia la canción
agazapado, si así mejor pensara
como el soñador atiende cualquier molestia
para evadirse en lo suyo.

Una lámpara al papel y rueda
callado el apunte de lo solitario en la mañana.
Canción... ¿de qué, titulas? Se reúne, de improviso,
el corazón
pero sin ebriedades ni flautas.
Solo en la casa silenciosa, es cubierto
y te mira por si molestara su latir valiente,
a rachas desconsiderado.

LAS ALIAGAS SECAS

Los poemas aman la ceniza.

¿Estériles relatos de cosas que no importan?
No, no podrían reducirse
a mera combustión que camina lentamente
como por parameras se desparraman estas plantas.
Ni con lluvias fueron festivos,
ni sus enganches de amarillo.

Los poemas aman la agonía
aun de pasión sobre verdor tendidos.

LIBROS DE TRIESTE

En vísperas de comenzar uno recibía el siguiente,
todos salvados del recueste en las esteras del olvido.
Lo que era capricho de rarezas a cazar,
títulos que chapoteaban a la espera
de ávidos y frutos que no sabían cuándo soltarse,
ahora encuentran posada en mí cerca
de mí haciendo otro raro que su oportunidad
de nueva vida les otorga. ¿Y qué si ningún encumbre
les esperaba cuando se creían flotando
pero en realidad en deriva? ¿Y qué pernocta
cuando a ellos la noche no se les levantó?
Su viaje, como cualquier vivencia, es de unos a otros.
Apropiaron de mí esa llamada sigilosa
y no podré moverme de su lado,
de su *hondo diapasón de la tierra, el aliento*
de la vida sin nombres, ni memorias, ni tiempos.

CRUCE DE CAMINOS

De pensarlos igual que escurridas opciones
que no tomé pero se vuelven lacias
cuando se mezclan con otras y resquebrajan
su capa de futuros imposibles,
similar al actuar de la memoria
vuelta sobre lo acontecido por si enmendase
—ingenua lluvia después del aguacero—,
diría que el sentido es reforzado
y su división un signo mejor
que indica lo que a todos doblega.
Alguien parecido a nosotros yendo a buscar
sus ilusiones, a vagar e inclinarse cuando deba
a la tiesura de los maizales.
Más arriba, lejos de las carreteras,
con el sentirse joven tan a menudo
del mundo que observado envejece
aun habiendo cosas peores.

SONATA DE CZERNY

No enseñan cómo se disuelve una amistad.

Dónde la herida que grana, dónde se apiñaron
los retales de faltas que insisten en titularse
rosas negras y palpitan sin embargo.

Es el clavarse de su escasez
lo que tiene como siempre una peste a hueso
dejado para saciarnos, a destruirnos y tenderse
porque así el afecto opera como inventa,
sin mezclarse en la ineptitud de lo que comentamos,
sin más obstáculos que mirar sin mancharse,
sin ruegos de uno,
así pasaran cuarenta años
inmarcesible el dolor en tu abrazo.

LAS SOMBRAS DE LOS OLMOS

He venido, nada más, que a tumbarme a vuestra vera.
Si no os conociera, pensaría que extraños son los *acasos*
que deciden evitando un vacile que alargaría torpemente
segundos mejor empleados en miradas a lo concreto
y nada realmente, como mandan y saben los melancólicos.
Lo que en vosotros se proyecta de uno es el infierno del corazón.
Necesitaba que cayerais para que también los párpados,
rechazando toda serenidad, esa que se ambiciona
y que uno jamás ha sido receptor. Es reciente la frase
que trajo la descripción de los pesares. *Para ti va a ser difícil*
ser feliz porque eres muy sensible y muy inteligente.
Rebates a lo último, incontables podrían hacerse,
mas en lo primero qué acertada estuvo la pedrada
envuelta en zalema contra la voz, la sien; qué claror
sus ojos azules han aumentado en los míos el desconsuelo.
Hay que agradecer honestas e inflexibles verdades.
La nuca rompen y dejan manar las certitudes pocas,
el fallo en los demás donde cargar la felicidad.
Queda todo el cerco de vuestras sombras ensangrentado,
uno en medio con la frescura negra, pensando, pensando
                              [lo que se abandona
cuando se vive, rodeado del mapamundi de hojas quieto.
¿Quién tiene derecho a apartar la revelación que delata
lo lejos que uno encuentra su punto de quienes es evidente
                              [que ama?
Es una carrera de fondo esta tarde para las cavilaciones

y traicionarse las alegrías según el cielo se diversa bermejo
trayendo a la postre azules y regresos de amarguras.
Miro los zapatos separados y sólo significan angustia,
hablan de algo enfermo en los labios, los cabellos mojados,
algo que se dicta por imperativo de tercera, ajena, reflexión.
¿Quién la releva, la acoge como a sagrado; nuestra minucia
como un destrozo de jardines —ninguno con solera,
                              [el más polvoriento
sirve— cuando ganaríamos si bajásemos la cabeza, al minuto
rodeando un dolor como la calma reaparece haciendo veces
de cabecero para venideras? Fragilidades así
claman abrazos, dan perspectivas de confiada
amistad en amantes que se cruzaron. La mejilla de nuevo
que poner del lado tormentoso y verde, aun abusando del tópico
de los que caminan despacio y oscurecen el lugar
que conocieron, que con ellos siempre vino ajado.
Todo acaba. Se nos convidará a permanecer como mejor sepamos,
un toque o dos en el hombro sin que notemos la ineficacia.
La tarde sí estará exultante por ignorar las quemas
y pérdidas a las que brindo mis horas; no sirviendo esconderse
en un plural, pues este soliloquio vagabundea dentro de uno,
sino conformarme conmigo y la indiferencia de vuestra altura
                              [y los otros.
He de irme, lo sabéis, porque nada refuerza nombraros
por muchos poemas que, en pos de lo hermoso, os dedique.
Este dormirme acariciado, si todo concluye siendo bueno
o es la esperanza otro espejismo sobre el manto del agua,
lo reservo para el trecho que perder o atravesar.
Descuidad. Lentamente mi sombra se cercenará de las vuestras,
precipitándose parques, semanas, años, con las ropas destalladas
hasta pararse en un sólo sea, sólo, tal vez, nuevo desaliento
con forma de ruinas humanas. Sólo así. Solo. Tal vez.

Es terrible saberme fuera de tu estado
donde no puedo salvar las buenas palabras
porque en ti ya no existo; donde avergonzaría
volver a pasar tu dedo por mi nuez,
tendiendo una nueva lírica que encontrase salvación
como los jóvenes cansados
hacen porque antaño se contaron mucho,
muy cerca la piel, copiosamente brillante
y grabando a punta los olvidados desastres,
confiándose algo probablemente hermoso,
sabiéndose cada vez más cerca
antes del despedazarse
sin temer la junta de afanes necrosados.

Te acostumbré a ser pensado demasiado lejos.
Solo el arrepentimiento vaga aunque es caduco y parta.
Como manda lo aprendido, palidece
tu nombre.
No quiero volver a intentarlo.

II
ROSAS

Oh ciegos, ciegos, ciegos al esplendor distante
de un borbotón de rosas...

María Victoria Atencia

LIBRO DE TAPAS ROJAS

Mi padre cortó un ramo.
Un pedazo de rasa para que no muriera,
para que hacia él dobláramos la vista
y empeño inútil disponiendo un remedio.
Encontré esta mañana esos tallos secos,
corruptos los brazos pero vivo
era su olor, mirando aún
su terreno como si fuera aquel
que van rasgando como de mucho usarlo
el recuerdo.

Igual que los manantiales,
a su reclamo demoran los años.

Hallar el día logrado bajo el sol cristalizando una gota de barniz
en la ventana, descanso de lecturas sólo
capaz de atraer esa lágrima que no cesa tras la muerte,
alguien tosiendo arena
y el brillo del cristal quebrado
por el inmediato arrincono de una casa que conociste llena
antes que en sus chimeneas creciera el tomillo
y anegaran el riachuelo con cemento;
tormentos pero alegre suspiro al secarse
el agua en los zapatos de tu alféizar,
dos céntimos que pesan más el arcón tallado por el abuelo materno
la sordina de los mercados,
la lluvia, la lluvia y el tiempo en las piedras
—hablas de ti—
cuando recogía el mantel
si esta admiración siguiera vibrando.

LIENZO

A Laura Ramos

Los colores no son más que putrefacción de la luz,
pero hacen falta, amigo, y nadie mira
con más duda cada reflejo
que la piel que los cruza, los retiene
sin pintar ni escatima discreción.

RECUERDO A COMIENZOS DE SEPTIEMBRE

Sobrecogerse de lo fugaz si estirando sus galas la tarde
se topa con el ruido del tráfico la nota
de un agrio cornetín anunciando retirada.
Quién hubiera pensado que acallaría el tumulto
el cambio de guardia más propio de otro siglo.
Nos conoce el azar, deja silencioso al paso
santos y señas, tanto ahora
como en su momento de genuino valor.
Va guardándose, dos compases rápidos
y el último más quedo, en los jardines
hasta un próximo canto; con suerte,
otro melancólico puesto ahí
al despiste sabiendo identificar el señuelo.

NO ES POSIBLE HACER LITERATURA
EN VERANO

El olor de las rosas, que en verano
parece siempre póstumo,
melancólico hijo de muy ancianos padres.

ANDRÉS TRAPIELLO

No es posible hacer literatura en verano.
Esconderse tras la quietud y palmeras
dueñas del sonido de la caída.
Sería pedir lo imperturbable al son
de invenciones para que se llevara
el rocío de nuestro lado, en la punta misma
de los hibiscos que arrugan tus dedos
y continúa siendo una llamada dulce
porque es lo mejor comparado a toda sombra
que se recoge a una hamaca, un tronco
donde maja sus sueños la siesta.
Entre dos libros
tensan la distancia, sonrosantes como la edad
sobre unas manos, horas melosas de julio
y un nuevo aburrimiento sin envejecer.

VARIACIONES SOBRE TEMAS DE MIGUEL D'ORS Y JUAN PERUCHO

Justa es la impresión que deja la rosa sombría
cuando tus manos detienen el fuego
que la nutre antes de ser cortada,
antes de ser escrita por alargar el misterio
en esta época drenada de romanticismo.

* * *

Las cenizas hasta la forma sean apiladas
y nunca más recobre tu perfume sobre mí,
contorno de la nada.
Seré espectro que evoque
restos de otra rosa a minutos de cortarse.

BREVIARIO DEL OTOÑO

Sumaré la varia intención de rojizas
puntas flotando en el cerco del venero.
La señal que indica el Paseo de los Olmos
como una desviación para cansados urbanitas
que aprovechan la oportunidad y parten
a sacarse fotos entre los mentados,
impasibles al nombre de ésta o cuál especie.
Los años en el madero segado,
el tobillo impoluto frente al barro en la suela,
estallidos de peonías, abrumándote la inspiración
de este joven poeta gallego, ligero vaciarse
las yemas verdes a los sienas en la falda
de un valle. Quienes cada año lo celebran,
los que deyectan que ocupe tanto espacio
si no supone novedad tal estación de cambio.
Qué les molestará, qué ignorantes
por no aceptar las imágenes rotas
de baldados sueños en sus corazones
cubriendo de hojarasca a los desabridos.
Veremos dónde todo acaba.

PINTOR DE HORAS FOSCAS

Para Álvaro Camacho

Vamos más allá del puente, de las atracciones por montar.
La rampa envuelta en lona te gustaría en carboncillo
grabarla, en las rayas de un croquis sin fecha que indique.
Es la misma ciudad, pero empezamos a ser solos
no andando la provincia ensoñada que imposto
culpable de lecturas, no dejando atrás el esparcir
adioses a otras conversaciones que nos regalan vida ociosa,
sueltos de un día pensando en ti, un verano cualquiera
invitado al cine —está cerca, al aire libre, con templete
y candiles—, ninguno de esos que alguna vez vivimos
confabulando, fortalecidos ahora que no se tienen.
Pero surge tu risa como una garceta curiosa.
Es repentina. ¿Qué mensaje era? ¿Qué podía redimir?
Tus ojos verdes son recogidos en los meandros del río,
y ni un alma por la tarde que, probablemente hermosa,
se nos iría hasta la adolescencia
sin temer el parpadeo que vuelve todo viejo
con chasquidos del derrumbe, cabañas sin morar,
las afiladas páginas de un bloc esperando la sanguina
que hermanase lo dorado con esta pared, este parque;
que podíamos disfrutar la compañía despojados
de la incertidumbre por venir.

CANDELA

Este moverse del bolígrafo por la servilleta,
como fuera de un tiempo maceran las quimeras
que terminamos alimentando, organiza tu ciudad,
un espacio que prolonga tu explicación, divertida
por consagrar importancia cuando matamos el rato.
Instantáneamente lo pasajero se congela
cuando pronuncias sus rumores:
carballos...
Un truco perfecto para disfrutar,
sin regresos ni escapadas,
esa costa aridecida de galernas y telones grises
más allá de la apariencia de ruido en negativos baratos.
Ese mismo verano, otra vez encontrado
el tiempo nuestro
y teniendo un motivo de peso para replegar
las murrias como tus pendientes se enredan.
Sonríes. Imposible candor a unos palmos
de suerte y timidez que a la mínima
se toparon con una palabra, una amistad
que no debe nada a cambio.

DANIEL

Descubre el carrete sobre la mesa
distintas sombras que calcinan la tarde.
Un corredor en el claro franqueado,
quemado el césped a la altura de las piernas.
Lo que tiene en sus brazos por debajo
de la somnolencia actuada, por encima la curva
del vapor y el fulgor de septiembre
que quiere hacer nítidas transparencias.
El sesgo de unas gafas que decanta
la mirada sobre lo llamado con gruesa broma
infierno de ladrillos rojos y toldos verdes.

Porque no nos cuesta esperar la nada
y repetidas veces alegras que sepa comprenderte,
percibo tu grandeza
sabiéndome digno de tu amparo.

Entonces ajustas la cámara.
La luz en la buhardilla se fija
en las motas que emergen.
Tan sólo ese momento,
no hay más que tus ojos serenos
brotando del marasmo de libros
un temblor de secreta belleza agostada,
significando algo, en mi aguardar no quitarme
nada de lo que ya hablamos

aunque reconocer lo sentido se ignora
por un amor que ya he ganado.

JARDÍN DE LA CORDOARIA

Expulsado de la razón al corazón
del otoño... El viento se ha empurpurado.

Vladimír Holan

Van por la sombra de las camelias
y tú abandonas sin cesar aunque el mismo sitio
te desbarata y trae sobre las pisadas
el vencimiento que hace preguntas
a los bellos nombres que asustados de lo convertido,
por desaliño o ventaja,
entran a tu plenitud en el paseo,
salen a relevar la lluvia en el hospicio,
de la piedra a la herida de las nubes cerezas
y caen invadiendo el lugar tan ameno
y tú olvidas la excusa aunque el mismo sitio...

PRIMAVERA EN GOŚCIERADZ, 1933

Leon Wyczółkowski

El sol
no estorba que sentados al balcón
—abierto al siseo del almendro, mandolina
o gato el sonido que trepa desde la calle,
también coches y recados apenas—
sigamos teniendo veintisiete.
No dejamos de ser jóvenes a pesar de estos días,
repites, pero hay bastante en común
con lo que esta cortina bate
por aires de sierra bajando y luz pastel.
De repente los dos callados,
llevándose las hojas lo que sea, lo que sea.

ÁLVARO

Subiendo al mirador,
asumimos que mucho ha sido para no causar
la sorpresa que debería.
Conocemos la raspada de esta campiña,
las pinochas imprecisas,
y agradezco quieras que nos vayamos
para entrar en la perenne descomposición
de los tantas veces nombrados.

Es socorrido este tramo.
Tal como es, ¿fue siempre aquellas tardes
que lo antecedieron pero llevando menos,
no habiendo amado como creíamos?
Otra noche vuelca campanadas
y en la oscuridad se confunden rosas rojas.
El susurro en vez de la risa.
Donde todos, señalas qué escribir en mi lugar
y en ti
un nuevo boceto comienza.

BREVES DE MAYO

En el salón ha entrado la terraza
e insiste en respirar llena de tierra y reflejos.

Trajín por el arcaico decorado —lo rechazan molestos—
de las flores de las acacias y castaños de Indias.

Puestos de libros viejos
y dedicatorias pálidas de amigos y fiestas que lamen los dedos.

No querer recordarte, digo equivocado;
aun así, hablo de un jardín. Sueño.

PATIO

El husmeo de libros permite estar los dos solos
cuando uno rebusca y tiene suerte
y se pasma de lo dejado allí por otro.
Este tarjetón ilustrado de una suscripción
va para quienes lo habitaron, y yo sonrío
ante la emoción trascendental,
a ratos chapucero ensayo de llenar los ojos de tragedias.
Pero es justo queden cercos de cal bajo los tiestos
de esos palmitos a la ronda del fontanal
que resbala a cada plato rizos de muchachas
y es vigilada por una armadura, por si su tiempo
la hiciera salir de las arcadas.

Al cobijo del marco de tan pulcra diligencia
complace el descanso de este mudo palacio.

Ambos somos hijos de lo que asusta ver
y lo que vuelve hacia ti al haberse transformado.

HAYAS TRASMOCHAS

Acelerar el caer y los demudados colores
con entusiasmos que puedan al tiempo.
Perdurar donde surgen las ramas
y a veces te sentabas hasta el clic de la foto
porque mirabas señalando lo opaco, lo trémulo,
y la hora entraba con nosotros
mientras dormías recibiendo esos cánticos
de corteza picándose, esos ojos dulces
cuando las palmas nos dábamos
y en tu barba se detenían renegridas hojas
—no las aparté— que no querían moverse
—no quise— en ese solitario lugar.

JARDÍN DEL PRÍNCIPE DE ANGLONA

La alegría venía dada con el zurcido pobre
que despertaba en lo remoto la sencillez.
El empedrado que al surtidor se entornaba
para sin acuerdos cada cual tomar las lindes.
Merodear como a tientas en el despliegue
de praderas reducidas a escapularios,
entre bojes que encendían su vanidad
si alguno se paraba a oírles.
Detrás de ellos la tapia neoclásica,
la celosía a tramos que soslayaba una aprensión,
mientras fuera los niños jugaban como si verano
y uno daba cuenta de que nada importaban
mis postreras cartas de amor.
Sí, a veces te necesitaba
para el recalco de este rincón con lo que rumio,
siendo leal aquí el soplido del viento
royendo la cara para siempre soportar,
poco más necesitando.

LOS SAUCES, 1880

Claude Monet

Desarmado amarillo de todo lujo.
Siempre quisisteis poco o ningún revuelo
cuando se os miraba excluyendo los horizontes
que otros sí acatábamos en las tediosas estaciones
y cualquier presente que osara levantar la voz.
No, vosotros siempre altaneros en lo que asusta
a temperamentos queriéndose recios.
Silencio y ensayada beatitud ese danzar por las ramas,
por el suelo, cuando desnudos ya notáis
los zumbidos de las siguientes.

Os buscamos en las agitaciones simbólicas
del oro viejo que ceñís a lo que aflige.
Apenas recuerdo un año que faltaseis.
Menos aún el ir agradeciendo, de veras,
que no fuerais palabras solamente.
Hay tiempo, todavía, de volverse uno favor
y reverenciar intactas gracias de añil y crema
al pasar junto a vuestro talento
de casi humano pasado en el camino.

DEL JAZMÍN

A Felipe Benítez Reyes

*¿Por qué dejas
la lámpara encendida junto a un libro
y trazas caracteres en la arena?
El estilo se alcanza con esfuerzo
sedentario, imitando a los maestros.*

WILLIAM BUTLER YEATS

*Ser poeta es difícil; querer serlo, más difícil todavía;
saber serlo, dificilísimo.*

J.R.J.

Se escribe del amor y de la muerte
como el alumno que aplica tribulaciones
de una fortaleza venida de la lectura
que batiera el fango de su duermevela
sobre el centón de apuntes sin otro valor
que rivalizar mares turbulentos
con ingenios a la altura de los maestros,
para luego abandonarse al estilo que demanda
justificación de que uno escribe,
que uno sabe y se encontró a sí mismo
lanzando la estilográfica al aire
por si cayera en el morral adecuado,
ese de la ranciedad de una Arcadia florida
o por el contrario del talante resabiado.

Uno escribe para pasarse las uñas
de su cabellera a la realzada sin brillo
y fría y funérea por la palidez en el rostro
del volumen en el que orea los antojos líricos
con otros que se han humedecido de rocío.
Laboriosos que ya emprendieron su viaje
sin más a cambio ni huellas de lo aventurado.
Pero la embriaguez se labra en nosotros
consabidas galanterías, cortesías para el viejo cliente
de puntillas hasta tenernos atrapados preguntando.
¿Es verdad un amor cuanto más ha fallado
y quiere la voluntad sólo devolvernos días buenos?
¿Es verdad que la muerte espeja su olor
en el de la hierba recién dallada?

Uno escribe joven y se alegran que todavía comience,
aun progresando, deseándole vendrá el siguiente
más cargado de experiencias y saberes poéticos.
Dieciséis no bastarán ni veintisiete
si ya hablamos de una extensa carrera.
Las manos lectoras, las mismas que inspiraban
y daban auxilio, recogerán la siembra de insatisfacción.

Atiende un recuerdo solemne
por los años que se fueron.
Lo que decían lisos y caídos jazmines
una noche al rebase de un muro.

Fue una escena del sur.

Luego compadece del alma
la orfandad que se escribió.

RAÚL

No hubiera necesitado glosa alguna el anochecer
porque él solo fue migado con sus vientos,
raros y perfumados, como de otros junios,
que hacían de esa terraza y al fondo la sierra
anuncio de envidias, un espacio de lo posible
del que sin tropiezo callabas o hablabas,
del tiempo más real cuando demostraste aprecio
por ese mirar tuyo que recala en lo que surge
como hojas secas revoltosas
alrededor de tu quima, tu porte.

Tus mejillas. El color taciturno de los prunos.

ROSAS BAJO LOS ÁRBOLES, 1905

Gustav Klimt

¿Qué humildad se atreverían a lucir
cuando han nacido entre lo barroco
siempre sobrante? ¿Cuánta acidez
lechosa podría sacarse del suspiro
apretado en sus poco a poco absorbidas
sangres que encierran pechos de dama
llevada al mortal amor, al último?
¿Es magnífico que armen espinas
y celebren al sol lo soñoliento del sitio?
¿Hay algo más que fiebre en sus corolas?
¿Quién recoge los mundos que penden
o esos pétalos que fueron a la tumba
donde al paseante, por caridad,
al menos en alemán unos versos
podrían dejarse para cubrir su nombre?

ADRIÁN

Se oían vagos trajes de frío
sobre el romero en los caminos
que manoseé para robar un recuerdo.
Pero tú junto a mí hacías el regalo
teniendo cuidado con el corazón interno
de las cosas heridas, tan sin peso
como hierbas que movían undosas
el abrazo que pediste con fe.
Y muchas veces diría que no podría seguir
de querer multiplicados los placeres
que embisten tu apasionamiento
porque de tu cuerpo viene,
que es mar, piedra, saúco,
el instante en tu pecho,
toda lumbre, la permanencia.

EL VIENTO EN PLENO CAMPO

Lo conozco. Las redecillas de su beis,
el centeno de sosegada verdad,
cuántas eras indiferentes anuda
porque ahí reside una de sus virtudes.
Trae hasta nosotros, cuando absortos y en pereza
rodeamos el paisaje, unas veces de calina
transportando los piropos a la Escocia
de abadías y prados y rocas tiznadas como lindes.
Dulce maraña el alboroto de esos grajos
o tú, mi amor, que en el brezo pasas
tratando de reparar tu mirar y lo mirado,
luego te olvidas.

Lo conozco por instantánea
que envía un amigo, cerca de Berlanga de Duero,
sin explicarme qué inflama la fuga infinita
de vilanos por mieses como un poema
que invirtiera décadas en decir lo mismo
pero su brevedad no incomoda.
Hora de duelo, silenciosa mirada del sol.
Es el alma cosa extranjera en la tierra.

Lo conozco en los niños jugando por la calle.
Tenuidad de la infancia y rebotes en fachadas
junto al círculo vicioso de falsas nubes
o el rayo que las hace de membrillo volverse.

Él está en los cuerpos apartando
la muerte de cascotes y tejas negras,
en los que despiertan y apuntalan
tiernos vendrán, aprendiendo a ser,
lunares por los que la mano camina,
la lengua los apresa con un gemir tan suave.

Lo conozco por libre albedrío de los libros
que limpio y apedazo como si vinieran de nuevo,
mientras mi hermano en el salón me observa
esa dedicación de lo que antecede un término
—uno creyéndolos pasarela de chopos viejos—
que erizará mis pensamientos
al saludo del hueco que dejase
otro cuya vida fuese prestada
y no sin la firmeza de las rosas
para repasar lo que imaginé.
Lejana voz
perdiendo un anhelo a diario.

Mayo de 2021 - septiembre de 2022,
en San Sebastián, Oporto, Madrid y Soria.

ÍNDICE

II
ROSAS

Hojas de acanto y rosas
de Luis Bravo,
compuesto con tipos Montserrat
en créditos y portadillas, y DGP
en el resto de las tripas,
bajo el cuidado de Daniel Vera,
se terminó de imprimir
el 19 de septiembre de 2024,
ese mismo día de 1911
nacería en Newquay (Reino Unido)
el Nobel de Literatura William Golding.

LAUS DEO